MÉMOIRE

D'UN PÈRE A SON FILS

TOURS

IMPRIMERIE PAUL BOUSREZ

5, RUE DE LUCÉ, 5

MÉMOIRE

D'UN PÈRE A SON FILS

TOURS

IMPRIMERIE PAUL BOUSREZ

5, RUE DE LUCÉ, 5

MÉMOIRE

D'UN PÈRE A SON FILS

J'ai pensé, mon cher Émile, qu'avant ton entrée dans les affaires il serait utile de te faire connaître les difficultés que j'ai eu à vaincre dans ma carrière industrielle et commerciale ; en lisant ce petit mémoire, tu jugeras s'il est facile de se créer une position dans la société.

Voilà mon histoire. Je suis né à Saint-Cyr-sur-Loire le 10 août 1810, dans une propriété appelée *la Clarté,* appartenant à mes parents, qui la tenaient eux-mêmes de leurs père et mère, qui n'ont jamais quitté la campagne. Mon père est mort à l'âge de quarante-six ans, des suites d'une chute de cheval. Ma mère est restée veuve avec cinq enfants ; j'étais le plus jeune, j'avais onze mois quand mon père mourut.

Nous restions dans une grande aisance ; mon grand-père maternel Pinot était aussi dans une grande aisance et a laissé quatre enfants. Il était très-considéré dans la commune de Saint-Cyr et fut nommé député à la Convention, où il n'alla pas siéger, sans doute qu'il n'était pas comme son petit-fils, républicain. A l'époque où les églises furent fermées pendant la Révolution, il fit bâtir une chapelle à *la Clarté,* où le curé de Saint-Cyr venait dire la messe. J'engageai ma mère à la faire démolir, ce qui eut lieu en 1830.

Je passai mes jeunes années avec ma mère jusqu'à l'âge de douze ans, ayant reçu à la maison les premiers éléments d'instruction, puis je fus mis en pension à Tours, d'abord chez M. Fages, ensuite chez MM. Couturier frères, qui conduisaient leurs élèves au collége. Mon aptitude pour l'étude n'a jamais été très-prononcée, aussi mes classes ont été très-faibles ; cependant j'ai eu en quatrième un prix d'excellence et quelques accessits. Mon caractère d'indépendance ne pouvait se plier aux exigences d'un travail assidu pour arriver à faire de moi un savant ; je quittai les études du latin pour celles du français. Arrivé à dix-sept ans, je ne voulus plus rester en pension : il me fallait une vie plus en rapport avec mon caractère et mes goûts ; je voulais à tout prix me créer une position indépendante par le travail ; aussi j'ai quitté la maison maternelle pour n'y plus rentrer pour en faire ma résidence, appréciant, malgré mon inexpérience, que ce n'était pas à la campagne que l'on pouvait travailler et s'occuper pour se créer une position sérieuse dans la société.

Au sortir de pension, je fus placé à Bléré, chez un notaire, M. Causeau, où je suis resté jusqu'à dix-huit ans. Fatigué de cette position de clerc, qui m'assujettissait à un travail de bureau continuel, ce qui ne pouvait convenir à mon caractère et à mon goût, je quittai le notariat, reconnaissant que je ne ferais jamais rien de bon dans cette carrière. Mon aptitude me portait au commerce et à l'industrie, carrière qui convenait mieux à mon tempérament et pour laquelle je me sentais des dispositions naturelles.

J'ai toujours eu la volonté bien arrêtée de travailler, ayant en horreur l'oisiveté, qui est une honte pour l'homme de cœur et d'énergie. J'ai toujours agi par ma volonté, sans aucun conseil, n'en pouvant prendre de ma mère, ignorante des ressources des villes, n'ayant jamais quitté la campagne, par conséquent ne pouvant apprécier les ressources du commerce et de l'industrie.

Un jour je pris la résolution d'aller me fixer à Nantes, la ville de Tours ne m'offrant aucune ressource commerciale. J'entrai chez MM. Berget et Lamotte, négociants dans les denrées coloniales, sans appointements, ayant pour gages le logement et la nourriture à leur table. Le séjour de Nantes me convenait mieux que le notariat.

Mon imagination travaillait beaucoup en voyant partir et arriver les navires. Je fis connaissance avec quelques capitaines au long cours. Mon désir de voir les pays étrangers, de voyager, de connaître l'homme à l'état primitif, me fit prendre la carrière maritime, ayant l'espoir de devenir capitaine au long cours et de faire fortune dans cette carrière.

Je me berçais de ces doux rêves depuis quelque temps, quand je pris un jour la résolution d'exécuter mes projets; mais pour y arriver il me fallait le consentement de ma mère et de l'argent. En conséquence, je lui écrivis pour lui faire part de ma résolution, en lui demandant qu'elle m'envoyât 1,200 francs et son consentement pardevant notaire pour m'embarquer. Point de réponse, Nouvelle lettre de ma part avec prière de me répondre. Même silence que pour ma première lettre.

Au bout de quinze jours d'attente, je demandai à mes patrons l'argent nécessaire pour aller à Tours voir ma mère. Le lendemain je prends la diligence et j'arrive à *la Clarté;* ma mère ne voulut pas me recevoir, je fus loger chez une de mes sœurs, qui me sermonna pour me faire abandonner mon projet d'embarquement. Tous ses efforts furent inutiles. Chaque jour je l'envoyai auprès de ma mère pour l'engager à me donner son consentement.

Pendant huit jours je ne pus rien obtenir ; lasse enfin de me voir persévérer dans ma résolution, elle finit par me recevoir et me donna ce que je lui demandais. Aussitôt après je pars pour Nantes, où j'arrive enchanté, et je me mets en quête de me procurer un navire en partance.

Je me fais inscrire au bureau des classes comme marin novice à 18 francs par mois. Je m'embarque le 1er mai 1829 à bord du navire le *Brésilien*, capitaine Lécureau, allant à Para, ville située au Brésil, sur le fleuve des Amazones, puis touchant à Cayenne. Notre armateur était M. Carmichael, de Nantes.

Notre navire était un brick de deux cent cinquante tonneaux, monté par huit hommes, non compris le capitaine, le second et le maître d'équipage, le cuisinier, le mousse et deux pilotins : en tout nous étions quinze à bord.

J'étais embarqué comme pilotin ; je mangeais à la table du capitaine, j'avais ma cabine sur le derrière, pour cette faveur, je payais 600 francs pour le voyage. Une fois mon engagement contracté, je pris part à l'armement du navire, qui était amarré au quai de l'entrepôt. Cela dura une quinzaine de jours. Nous partîmes sur lest pour Paimbeuf.

Notre chargement se composait de briques pour construction, bouteilles vides, ustensiles de ménage de toute espèce, quelques barriques d'eau-de-vie, vinaigre.

Une fois notre eau faite, nos provisions de toute espèce embarquées, nous levâmes l'ancre le 18 mai, pour aller en rade de Paimbeuf. Là nous restâmes une dizaine de jours pour compléter notre chargement. Le 28 mai fut fixé pour le départ ; ce fut pour moi une grande joie et un jour heureux. A quatre heures du matin, je vois l'embarcation du pilote se dirigeant à notre bord ; aussitôt le capitaine commande de lever les ancres, qui bientôt sont raidies, prêtes à déraper. Le temps était magnifique, brise faible, toutes voiles dehors. Le pilote monte à bord, se met à la barre et commande de lever les ancres, ce qui fut fait immédiatement. Nous bordons les voiles et le navire prend sa marche. Nous ne tardâmes pas à doubler Saint-Nazaire. Quelques heures après nous prenions la pleine mer et entrions dans le golfe de Gascogne.

Après avoir fait un déjeuner confortable, le pilote nous fait ses adieux, en nous souhaitant un bon voyage.

Le temps se maintint au beau pendant presque toute la traversée. L'équipage est occupé de la manière suivante : moitié des hommes font le quart jour et nuit, tous les matins le pont est lavé ; ensuite le navire est passé à la visite : la mâture, les cordages, tout est visité avec soin, sous la surveillance de l'officier de quart. Les repas ont lieu trois fois par jour ; à chaque repas, la ration se compose de viandes salées, de haricots, un bourgeron d'eau-de-vie, un verre de vin, biscuits à discrétion, eau rationnée. Deux fois la semaine on mange du pain frais. Chaque équipage est nourri suivant les conditions convenues avec l'armateur au moment de l'embarquement.

La traversée s'est passée sans incident, la mer ayant toujours été très-belle. Après quarante jours de traversée, nous coupâmes la ligne ; le soleil ne produit aucune ombre, l'on est au milieu de la terre ; c'est à cet endroit que l'on reçoit le baptême.

Cette charge est une fête pour les matelots, qui habillent l'un d'eux en *Père Tropique*. Celui-ci monte dans la hune du grand mât et asperge les voyageurs qui passent la ligne pour la première fois ou les marins qui n'ont pas navigué dans ces parages. Le baptisé donne la pièce à l'équipage pour boire à sa santé, à la première descente à terre.

Nous sommes restés pendant trois à quatre jours au calme plat sous la ligne, ce qui n'est pas très-amusant. Nous passions notre temps à pêcher : nous prenions des dorades, des bonnites ; ce sont des poissons qui ressemblent au saumon ; la dorade quand elle est hors de l'eau change cinq ou six fois de couleur avant de mourir ; elle prend les couleurs les plus variées. Ces poissons sont très-délicats à manger.

Pendant la traversée, nous avons trouvé souvent sur le pont, le matin, des poissons volants qui, la nuit, chassés par les bonnites et les thons, se jettent dans les voiles et tombent sur le pont; ce poisson est très-bon et très-délicat; il ressemble au maquereau, ses nageoires sont des membranes larges, étendues, qui lui permettent de prendre son vol comme l'oiseau, et il se soutient en l'air aussi longtemps que ses membranes sont humides ; il peut parcourir un espace de trois à quatre cents mètres d'un seul trait.

Nous avons aussi pris, au travers des Antilles, un requin d'une grande dimension, ayant trois mètres de longueur et pesant environ quatre cents kilogrammes. Cet animal a été pris au moyen d'un gros crochet en acier formant un nain, auquel l'on amarre un morceau de viande avec une corde qui se serre autour du crochet. L'animal, qui est très-vorace, ne s'aperçoit pas que ce crochet est amarré à une forte corde, l'engueule et se trouve pris de la sorte. Aussi le requin, quand il arrive à une grosseur de cinquante kilogrammes, est accompagné d'un petit poisson ressemblant à une forte anguille, qui se tient sur une de ses nageoires et ne le quitte que hors de l'eau quand on le hisse à bord : il porte le nom de pilote du requin. La chair du requin est huileuse et coriace. L'équipage a mangé les ailerons ; la chair produit de l'huile en petite quantité. Ses dents sont aiguës, à deux tranchants, et disposée sur huit rangées ; la mâchoire inférieure est bien au-dessous de la supérieure, ce qui le gêne pour saisir sa proie. Cet animal a beaucoup de vigueur, surtout dans sa queue : il pourrait faciment vous casser la jambe d'un seul coup ; aussitôt à bord l'on commence par la lui couper à coups de hache, pour éviter tout accident.

Après deux mois de traversée d'une mer magnifique et belle, nous fîmes les atterrissages, pour entrer dans le fleuve des Amazones, par un temps brumeux. Ce fleuve, le plus grand de l'univers, a un cours de dix mille kilomètres ; son embouchure est de douze kilomètres. C'est au changement de l'eau, qui est jaunâtre, que l'on reconnaît ce fleuve en mer. Nous étions alors à mille kilomètres de Para. Après deux jours de navigation, toujours par un temps brumeux, le capitaine ne reconnaissant pas ses positions à cause d'un brouillard intense, commande une manœuvre pour laisser arriver le navire plus près de terre. Un faux coup de barre à tribord fait toucher le navire sur un banc de sable nommé Attalia, marqué sur la carte ; nous étions à environ trois lieues de terre. Un choc se produit, le navire échoue à tribord, le grand mât de perroquet se brise et le beaupré s'incline, le navire craque et reste étalé sur le côté. L'on crie au sauve-qui-peut, les embarcations sont mises à la mer. Je saute dans la chaloupe avec quatre hommes pour gagner la terre, tout en embarquant les provisions qui nous tombent sous la main. Le capitaine reste à bord, commande de changer les voiles d'amures. Une légère brise se lève du sud, le navire se met à flot à notre grande surprise. Aussitôt nous nageons pour regagner le bord, où nous montâmes avec empressement.

Immédiatement l'on sonde le navire, et nous reconnûmes que l'eau montait dans la cale d'environ cinquante centimètres à l'heure. Les pompes sont montées, et, à force de pomper, nous finissons par gagner l'eau. Au bout d'une heure nous l'avions fait baisser de quelques centimètres, ce qui nous donna quelque espoir de gagner notre port sans encombre, mais toujours en pompant nuit et jour. Nous avions la certitude que le navire avait souffert dans le choc éprouvé sur le banc de sable, mais nous ne pouvions apprécier le degré d'avarie qu'après le déchargement effectué. Nous passâmes une nuit très-agitée.

Nous n'étions pas loin du lieu où nous devions prendre le pilote qui devait nous conduire à Para. Nous hissâmes au grand mât les drapeaux d'alarme, accompagnés de grosses lanternes, indiquant que nous avions besoin de secours; ces signes sont connus des Indiens dans ces parages.

Nous passâmes la nuit dans l'attente du pilote, que nous vîmes venir à nous à trois heures du matin, dans une pirogue montée par trois Indiens, dont l'un était le pilote tant désiré. Il monte à bord et se met de suite à la barre, commande une manœuvre et met le navire en marche le cap sur Para. Nous en étions encore à cent kilomètres. Nous faisions toujours cinquante centimètres d'eau à l'heure, que nous étanchions à force de pomper.

Après deux jours de marche nous mouillâmes en face de Para, non sans avoir éprouvé des craintes sérieuses pour éviter un naufrage.

Après avoir assujetti nos ancres nous prîmes des hommes du port pour opérer promptement notre déchargement, ayant grand soin de connaître les avaries que nous avions dans la coque du navire, ce qui eut lieu au bout de quelques jours. Une fois le navire viré en carène, nous reconnûmes que la fausse-quille était emportée ainsi que le taille-mer. Après un examen sérieux et les formalités remplies par notre correspondant pour les assurances, nous procédâmes aux réparations nécessaires. Le navire fut dédoublé. Ces réparations durèrent au moins quatre mois, les ouvriers indiens ne font pas beaucoup d'ouvrage, encore moins que les Européens.

Ayant beaucoup de temps à moi pendant le radoubs de notre navire, j'employai mes loisirs à chasser, m'étant muni de poudre, de plomb, d'un fusil lors de mon embarquement.

Les chasses dans les forêts vierges sont très-intéressantes. Je les faisais avec un pilotin du bord, nommé Kergariou, et nous étions accompagnés d'un naturel du pays qui parlait un peu le français, et nous servait d'interprète. Il connaissait les localités. Au Brésil il n'y avait aucun chemin, même d'exploitation ; les transports se faisaient par eau. Il nous aurait été impossible de nous reconnaître dans nos sorties journalières.

Nous chassions toutes espèces d'oiseaux qui se perchent. Quand nous tombions dans un endroit où il s'en trouvait beaucoup, nous nous mettions à portée d'un arbre où ils venaient se percher, et nous tirions toujours dans ce même arbre, car ces oiseaux ne s'enfuyaient pas au coup de fusil, de sorte que nous tirions sans cesse jusqu'à extinction de la race.

La chasse à la perdrix est très-difficile : elles ne volent pas en bandes comme en France, elles se tiennent sous bois et courent très-rapidement, ce qui ne permet pas de les chasser facilement, ce pays étant couvert de forêts immenses et sans champs. J'en ai tué quelques-unes, mais rarement. Je chassais aussi le jabotis, animal qui ressemble à un petit cochon ; il a les pattes très-fines et est aussi alerte que le lièvre de France, la chair en est très-délicate ; l'on en tue très-rarement.

Nos chasses se ressemblaient toutes et n'étaient

variées que suivant les incidents qui pouvaient se produire par la rencontre des crocodiles, qui sont en grand nombre dans ce pays, ou d'autres animaux nuisibles, tigres ou serpents de grande dimension, que nous évitions avec soin et que notre guide apercevait toujours avant nous. Ces animaux sont très-rares.

Nous nous faisions toujours conduire à destination de notre chasse en pirogue.

Il est à remarquer que c'est au Brésil que l'on trouve le plus d'oiseaux d'un plumage très-varié et qui sont les plus beaux de l'univers par leurs couleurs vives et la variété de leurs plumages.

La ville de Para appartient au Portugal; elle est située sur le bord du fleuve des Amazones, à deux cent cinquante lieues de la mer, où se trouve son embouchure. Sa population était d'environ dix mille âmes, et composée de Portugais qui font le commerce, le reste était des Indiens. Il n'y a aucune industrie, c'est une triste ville bâtie en briques, couverte de tuiles, beaucoup de maisons en bois.

Dans ce pays on cultive le cacao, la gomme, quelques champs de café, de cannes à sucre et autres productions des colonies.

La ville est située à un degré et demi du tropique, il y fait une chaleur accablante; les jours sont de douze heures comme la nuit, la température est uniforme, il ne pleut jamais. Pendant quatre mois que j'ai séjourné dans ces parages, je n'ai jamais vu tomber une goutte d'eau; les nuits sont fraîches.

Les Indiens se nourrissent de manioc, espèce de racine qui se trouve dans les bois; ils la font sécher et la réduisent en farine pour remplacer le pain : cette nourriture est saine. Ils ne boivent que de l'eau, mangent des fruits, qu'ils ont en abondance, et du poisson sec, et vivent de leur chasse.

Les Indiens, dans ces contrées, hommes et femmes sont cuivrés, d'une taille moyenne, robustes. Ils ne se couvrent que la partie du corps depuis la chute des reins jusqu'aux genoux. Leurs cheveux sont grossiers et raides comme des crins. La chasse et la pêche sont leurs principales occupations.

Nous avons rencontré dans ces bois des familles qui vivent à l'état sauvage, ne communiquent jamais avec les Européens. Ils sont d'un caractère doux et ne nous ont jamais inquiétés. Ils aiment beaucoup les spiritueux : nous payons notre guide avec quelques verres de cognac et la nourriture, cela lui suffit.

L'on ne peut entrer dans l'intérieur de ces pays que par eau, et en pirogue dans des petites rivières alimentées par le fleuve des Amazones au moment des marées, qui sont très-fortes dans ces contrées.

Le radoubage de notre navire se faisait très-lentement, comme tout ce qui se fait dans ces pays. Après quatre mois, nous commençâmes notre chargement ; n'ayant pas trouvé de cuivre, nous revînmes en France sans que le navire fût doublé, ce qui n'était pas très-rassurant, le doublage donnant une grande solidité au navire. Notre chargement se composait de cacao, de gomme arabique, sucre, café et autres produits du pays.

Le 20 décembre 1829, nous appareillons pour Cayenne, le pilote monte à bord ; nous levons nos ancres et nous descendons le fleuve des Amazones pour prendre la mer.

Ma cargaison personnelle se composait : d'un singe nommé Sapagou, de deux perruches et de quelques paires de souliers en gomme arabique, mes moyens pécuniaires ne me permettant pas de faire une plus forte cargaison, à mon grand déplaisir. En descendant le fleuve j'ai eu le mal de mer pour la première fois ; la lame était forte, je carguais le grand perroquet, par maladresse je laisse échapper le raban de bout de vergue; au même instant je me sens mal au cœur, cependant il me fallut aller chercher le raban pour carguer ma voile, mon amour-propre aurait souffert de ne pas faire mon service. J'y fus, mais aussitôt après je me mis à faire du ruban, c'est-à-dire à vomir; j'ai néanmoins continué mon service comme si rien n'était; j'ai fini mon quart comme les camarades. Mon indisposition n'a pas été de longue durée. C'est la seule fois que j'ai été indisposé à la mer.

Notre traversée de Para à Cayenne fut très-heureuse, nous filions neuf à dix nœuds à l'heure : notre navire n'était pas un fin voilier.

Nous arrivons en rade à Cayenne le 3 janvier 1830. Notre consignataire, M. Lesage, nous attendait. Nous étions signalés depuis le matin, et le soir nous mouillions en face de la ville. La douane vint immédiatement à bord avec la visite de santé, et nous pûmes débarquer aussitôt après les formalités remplies.

En quittant Para, nous allâmes prendre au bord du fleuve un Indien que le capitaine avait acheté depuis quelques jours pour M. Lesage, au prix de 1,500 francs. Comme la traite était interdite, à notre arrivée nous fîmes descendre dans la cale notre Indien, pour le cacher parmi les sacs de cacao, ce qui se fit sans que la douane s'en aperçût. Aussitôt la visite finie, pendant la nuit nous le débarquâmes pour le conduire chez M. Lesage, qui en fut très-satisfait. C'était un homme d'une trentaine d'années, bien constitué, robuste, d'une bonne santé. Lorsque nous allâmes le prendre dans une crique, débouchant dans le fleuve des Amazones, son maître nous le livra sans observations. Le pauvre Indien arrivé à bord, quand il vit le navire en marche, versa d'abondantes larmes et se refusa à prendre aucune nourriture : son maître l'avait trompé, ce dont il s'aperçut; le

lendemain il se consola et se mit à manger. Il était d'une
nature très-douce.

Aussitôt notre arrivée en rade, le navire assujetti sur
ses ancres, nous procédâmes au débarquement de
divers colis qui étaient destinés à Cayenne, et de
diverses marchandises pour compléter notre chargement.

La rade de Cayenne est vaseuse, malsaine; la ville
a une certaine importance. La population était d'environ quinze mille âmes. Les maisons en grande
partie sont en bois, couvertes de tuiles; les rues sont
étroites et tortueuses, c'est en un mot une triste ville,
comme elles sont dans toutes les colonies. Une caserne
bâtie en pierre venait d'être achevée, et pouvait loger
quatre à cinq cents hommes, ce qui donnait un meilleur
aspect à la ville. Il n'y a aucun commerce.

Le lendemain de notre arrivée, nous allâmes chez
M. Lesage, où nous passâmes une quinzaine de jours
dans son habitation, qui était la plus importante de l'île.
Il était en train de transformer sa culture, ayant renoncé
à cultiver le rocou pour planter des cannes à sucres.

Pendant mon séjour, je me suis rendu compte du
travail que l'on obtient des nègres, qui étaient au nombre de cinq cents sur l'habitation. Hommes et femmes
sont logés dans des cases en bois, recouvertes de
feuilles, ils ont chacun un petit jardin qu'ils cultivent,
ne coûtent ni nourriture, ni soins, ni habillements à leur
maître, et travaillent douze heures par jour, sous la surveillance de contre-maîtres blancs ou noirs. Mais il faut
reconnaître qu'ils ne font presque rien, et que le pro-
verbe répandu en France : il travaille comme un nègre,
est un fameux contre-sens et inexact. Le nègre est natu-
rellement paresseux et voleur, c'est une vilaine race.
Ils ne sont pas payés et vivent de presque rien. Ce sont
des espèces de sauvages dans l'esclavage.

Comme à Para, nous passions notre temps à chasser. Il y a dans les environs de Cayenne énormément de gros lézards inoffensifs, qui ont de quarante à cinquante centimètres de longueur : ce sont de petits crocodiles.

M. Lesage nous fit une réception des plus gracieuses, nous montra son exploitation et son installation dans tous ses détails. Il venait d'installer une machine à vapeur pour presser les cannes à sucre. Cette machine fait fonctionner deux cylindres où l'on met les cannes pour en extraire le jus, qui se répand dans des cuves en cuivre, chauffées, où le sucre se forme par une cuisson modérée par la chaleur. Ces opérations terminées, on l'envoie en France pour être converti en sucre raffiné ; le déchet de la canne forme du tafia ; la première goutte fait le rhum, qui est si apprécié des gourmets.

Nous eûmes quelques jours d'ennuis pour la nourriture ; nous manquâmes de pain, la farine était épuisée dans les magasins de Cayenne et chez M. Lesage ; le navire qui était attendu, porteur de quelques milliers de barriques de farine, avait un retard de huit à quinze jours, ce qui mettait la colonie sans pain ; nous fûmes forcés de manger, comme les nègres, du manioc et du biscuit, que nous avions à bord. Enfin le *Cayennais* fut signalé : il nous apportait un chargement de farine, ce qui nous fit un sensible plaisir, car nous ne mangions pas avec ardeur, le pain nous manquant, ce qui dura quatre ou cinq jours.

Un autre ennui nous tracassait, mais c'est l'état normal dans ces contrées où tout n'est pas rose : la nuit on est dévoré par les moustiques. Tous les lits sont entourés d'un moustiquaire, autrement il serait impossible de dormir, tant ces insectes sont nombreux dans ce pays.

Nous avions aussi un autre inconvénient, occasionné par les chiques qui s'introduisent entre chair et peau, et qui pullulent sans que vous puissiez vous en défendre. La chique est un petit animal imperceptible qui s'attache à vous et se propage dans les chairs, il est microscopique. Les nègres, qui ont la moitié du corps nu, en sont infectés et en sont quelquefois infirmes, par suite de grosses bosses occasionnées par ces insectes. Les Européens s'en préservent facilement en y faisant attention et les détruisant quand ils s'attachent à eux.

Nous allâmes un jour visiter l'habitation de M. Marin, un correspondant de notre armateur, qui nous fit visiter ses plantations et sa culture. Dans ce pays tout est uniforme, la nature n'est pas variée comme en France, toutes les terres sont couvertes de forêts. Ce sont, en général, de pauvres contrées.

Le 20 janvier 1829, nous rentrions à bord de notre navire pour appareiller et prendre la mer, à destination de Nantes, notre port d'armement, ce qui nous fit un sensible plaisir.

Le 22, nous prîmes le pilote pour nous sortir; une fois en mer, comme toujours, il nous quitte en nous souhaitant bon voyage. Notre retour fut plus mauvais que notre départ de France; la mer à cette époque de l'année est toujours plus mauvaise, cependant la traversée se faisait sans incidents; à traves les îles des Açores nous éprouvâmes une tempête carabinée; nous restâmes deux jours à sec de voiles, le navire ne gouvernait plus, la mer embarquait à bord à chaque coup de lame, au point qu'il nous fallut nous amarer par le milieu du corps avec un cordage pour éviter d'être enlevé par la lame. Une fois la tempête passée, nous prîmes notre route pour Saint-Nazaire.

Un beau matin, dans le golfe de Gascogne, j'eus la douleur de trouver mon singe gelé; la nuit avait été froide, et comme il était installé sur le pont dans la chaloupe, le pauvre animal était mort de froid, et raide comme une barre.

C'était une grande perte pour moi ; j'étais attaché à cet animal, que j'avais pris à Para. Il ne me restait plus que mes deux perruches, que je gardais dans ma cabine.

Nous aperçumes enfin les phares de Saint-Nazaire. Le pilote louvoyait dans ces parages ; il accosta le navire et monta à bord pour nous entrer en Loire. Nous mouillâmes à neuf heures du soir, en rade de Paimbœuf ; la marée montait ; notre voyage était terminé heureusement.

Il nous manquait un novice, qui mourut dans la traversée de Nantes à Para ; l'enterrement se fait de la manière suivante : le mort est attaché à une planche ; l'équipage se réunit autour du corps, on le pousse à la mer par un sabord, et la cérémonie est faite.

J'avais, comme vous devez le penser, grand désir de mettre le pied sur la terre de France le plus tôt possible. Il est très-difficile d'exprimer l'émotion que l'on ressent à la vue de son pays ; il faut avoir navigué pour s'en faire une idée, surtout à un premier voyage. Je ne voulus pas attendre au lendemain pour débarquer ; vers onze heures, j'aperçois une barque de pêcheur qui allait à Nantes ; je hèle, et l'embarcation accoste le navire ; je lui propose de me conduire de suite à Nantes avec mon ami Kergariou. Après prix fait, moyennant 15 francs, j'embarque ma malle, mes perruches et une petite caisse renfermant mes effets, qui n'étaient pas nombreux. Je fis mes adieux à l'équipage et au capitaine, et malgré une pluie battante, mouillés comme des canards, nous arrivons à Nantes à cinq heures du matin.

Nous descendîmes dans une gargote de la rue du Chapeau-Rouge, où nous couchâmes. Après avoir fait quelques visites à nos anciennes connaissances, j'allai à la poste pour demander s'il y avait des lettres pour moi, ayant écrit de Cayenne à ma mère que j'arriverais dans les premiers jours de mars. Je pensais qu'elle m'aurait écrit, mais il n'en était rien. J'allai rendre visite à mes anciens patrons, qui m'apprirent que le *Cayennais*, porteur de ma lettre, avait sombré et que ma lettre n'était pas arrivée à destination, n'ayant jamais entendu parler du navire ni de l'équipage. Ma bourse était vide ; j'écrivis à ma mère pour qu'elle m'envoyât de l'argent ou qu'elle écrivît à mes patrons de m'en donner ; aucune réponse. Je me vis forcé de faire argent de mes ressources, qui n'étaient pas grandes. Ma mère n'était pas large, et ne me gâtait pas sous ce rapport ; je vendis mes perruches, mes souliers de gomme, mes effets, et ne gardai que ceux que j'avais sur le corps pour me rendre, ce qui me suffisait.

Après quelques jours, je pris la diligence et j'arrivai à Tours ; j'avais renoncé à la carrière maritime, ayant appris que pour me faire recevoir capitaine au long cours, il me fallait passer deux ans à bord d'un navire de guerre : cette condition me dégoûta du métier ; aussi, le 10 mars 1830, j'allai au bureau de marine pour me faire rayer des cadres et me faire déclasser.

A mon arrivée à Tours, je descendis aux Trois-Barbeaux, chez ma sœur Rousseau, qui ne me reconnut pas : j'étais noir comme un nègre, mal vêtu, avec un chapeau de marin ; enfin je finis par me faire reconnaître. J'ai pensé qu'ils me croyaient mort, n'ayant pas entendu parler de moi depuis un an ! Après leur avoir raconté les détails de mon voyage, le lendemain, qui était un dimanche, je pars à six heures du matin pour la Clarté ; je trouve ma mère qui faisait sa prière, et qui non plus ne me reconnaissait pas. Après l'avoir embrassée, elle se mit à pleurer ; moi j'avais envie de rire. Je me réconforte, et lui fais part de tout ou partie de ce que j'avais vu, ce qui ne l'intéressait pas beaucoup. Elle me propose d'aller à la messe à Saint-Cyr, ce que je n'accepte pas : j'avais beaucoup mieux à faire. J'allai voir les closiers, les fermiers et les voisins, qui me dirent que ma mère m'attendait depuis un mois et qu'elle avait été avertie de mon arrivée par une tireuse de cartes, ce qui me fit rire, comme on doit le penser.

Enfin me voilà revenu au gîte. Je passai une quinzaine de jours à la Clarté, allant voir la famille et les connaissances et amis. Ayant renoncé à la marine, il fallait prendre une nouvelle carrière. Laquelle? Telle était la question. J'optai pour le commerce et l'industrie. Ma mère ne pouvant me guider dans aucune carrière, je parlai à mon cousin Péan, grand-père de mon épouse, tout en lui faisant part de mes projets. Il me proposa d'entrer chez M. Vaslin, négociant en cuirs, à Tours ; j'acceptai la proposition, et, sur la recommandation de mon cousin, M. Vaslin me prit chez lui comme employé, sans appointements, me logea, et je mangeai à sa table, moyennant une pension de 600 francs par an, jusqu'à ce que je pusse être appointé suivant les services que je rendrais. J'entrai immédiatement en fonctions au magasin ; je copiais les lettres, les factures ; je faisais les courses. J'avais surtout le désir de connaître les marchandises et de me rendre capable d'apprécier leur qualité, et de vendre et acheter, ce qui ne fut pas long à apprendre.

Au bout de six mois, je connaissais les marchandises suffisamment pour les apprécier et raisonner, avec les tanneurs, fabrication, sur tous les défauts et qualités qu'elles pouvaient avoir, ainsi qu'avec les corroyeurs auxquels nous vendions. Je faisais mon service consciencieusement et régulièrement. Au bout d'une année, M. Vaslin me donna la table et le logement ; et

ma mère était aussi satisfaite que moi, n'ayant plus
600 francs à compter. Je lui demandai qu'elle me les
donnât comme gratification; je ne pus obtenir que 10 fr.
par mois jusqu'à ma sortie de chez M. Vaslin, ce dont
je fus obligé de me contenter. Ayant toujours eu la
ferme volonté de me rendre indépendant par mon travail et de me faire une position, ce à quoi je voulais
arriver promptement, je ne voyais qu'un moyen à
employer, c'était de faire des affaires pour mon compte
et de gagner de l'argent pour me donner de l'aisance et
de l'indépendance, ce à quoi je visais avec ardeur. Pour
y arriver, il me fallait le secours de ma mère, à laquelle
je faisais la cour. Tout en l'entretenant de mes projets,
je lui demandais si elle me confierait un capital pour
m'établir. Elle ne paraissait pas trop éloignée, seulement
elle m'objectait avec raison que j'étais bien jeune : je
n'avais, à cette époque, que vingt-un ans à peine; mais,
malgré ses observations, je voulais prendre les affaires
pour mon compte aussitôt que l'occasion s'en présente-
rait; ce qui eut lieu. .

M. Bellanger-Cartau, négociant en cuirs à Tours, vou-
lait quitter les affaires. Il avait pour employé M. Besnard. Je fis une démarche auprès dudit M. Besnard, et
je lui fis la proposition de succéder à M. Bellanger, en
formant une association entre nous. Après plusieurs
entrevues, nous finîmes par nous mettre d'accord. Nous
formâmes une société en nom collectif, sous la raison
sociale Besnard et Rougé fils, au capital de 50,000 francs,
fournis moitié par chaque associé et pour la durée
de neuf ans, à l'effet d'exploiter le commerce des cuirs.
Nous louâmes des magasins rue des Trois-Pucelles.
Nous entrâmes en fonctions au mois de mars 1831. Nos
affaires ne furent pas très-lucratives. Je m'occupais des
achats et de la vente des marchandises et des voyages;
M. Besnard était aux écritures; nous avions deux hommes

de magasin, et, pour les occuper quand il n'y avait pas d'ouvrage au magasin, nous faisions un peu de corroierie. Malgré nos soins et notre activité, nous ne pouvions faire que 2 à 300,000 francs d'affaires par an. La concurrence était grande : nous étions neuf maisons à Tours faisant le commerce des cuirs ; toutes ont succombé ou liquidé ; il n'y a que la maison Hardy et Bienvenu qui a prospéré. Nos inventaires se soldaient par des chiffres de bénéfices insignifiants. Nous retrouvions, une fois les frais généraux prélevés, à peine l'intérêt de nos fonds.

Devant une situation pareille, envisageant l'avenir d'une manière défavorable, ce qui était justifié par les faits, je pris la résolution de quitter Tours avant même l'expiration de notre traité. Au bout de huit ans, je fis connaître mes intentions à M. Besnard, qui comprit la justesse de mon raisonnement et accepta ma proposition de résiliation de notre société, ce qui eut lieu sans aucune difficulté. Alors je pris la résolution de monter une tannerie à Nantes. A cette époque, cette industrie était en prospérité ; mais cela n'a pas duré longtemps. Je me mis à faire ma liquidation ; je vendis mes propriétés de Saint-Cyr et la ferme de Belleville, à Neuvy, qui ne me rapportait rien. A cette époque, les fermiers ne payaient pas plus qu'aujourd'hui.

Une fois mes affaires terminées, je partis pour Nantes, et je me mis à la recherche d'un associé ou commanditaire pour monter une tannerie. Mon capital n'était pas suffisant pour faire cette opération : je ne pouvais disposer que d'environ 75,000 francs, et je demandais 300,000 francs. Pendant quelques mois je frappai à toutes les portes des capitalistes, des banquiers de Nantes, sans rien trouver ; enfin j'entrai en relations avec M. Lemaître, demeurant rue Penthièvre. Après qu'il eut pris des renseignements sur mon compte, à

Tours, et lui avoir exposé les résultats que je pourrais obtenir dans l'exploitation d'une tannerie bien dirigée, il me proposa une commandite de 125,000 francs et la formation d'une société pour quinze ans, au capital de 200.000 francs, sous la raison sociale Rougé fils et Cie; ne trouvant pas mieux, j'acceptai. Et une fois nos conventions écrites et notre acte de société signé, je me mis en quête d'un terrain ou d'une tannerie à acheter. J'avais en vue celle de M. Durand-Bettinger, qui était libre par suite de la cessation des affaires de ce monsieur, qui n'avait pas su diriger sa barque. J'entrai en pourparlers avec lui; je lui fis l'offre de 35,000 francs pour son usine et ses terrains, qui étaient situés à Chantenay, près Nantes. Après quelques jours d'attente et de pourparlers, je finis par traiter à mon prix. La tannerie avait besoin de réparations et était insuffisante pour faire six à sept mille cuirs par an.

Il y avait un travail de rivière magnifique avec six bassins en granit alimentés par une eau de source trèsdure et propice à la fabrication du cuir fort et lissé. Il manquait des hangars à écorces; les cuves étaient à renouveler; il n'y avait que cinquante fosses carrées, séchoirs insuffisants; les écorces étaient broyées par un coupe-écorce et deux moulins à vent. Je prévoyais qu'il me faudrait dépenser une cinquantaine de mille francs pour mettre la fabrique en état de produire six à sept mille cuirs. Mes prévisions ont été largement dépassées.

N'étant pas tanneur, mes notions en tannerie ne me suffisaient pas pour fabriquer et obtenir des produits supérieurs; je songeai à me procurer un contre-maître capable de Châteaurenault, pays reconnu pour donner la meilleure fabrication de France en cuirs à semelles. Je me rendis à Châteaurenault; je connaissais presque tous les tanneurs; je confiai à un de mes amis le but de mon voyage et mes projets. Après avoir réfléchi, avant de m'indiquer l'homme qu'il me fallait, il me mit en rapports avec un nommé Bléré, contre-maître chez M. Auguste Pelletereau; je lui proposai de venir à Nantes monter une fabrique de cuirs forts et lissés. Après réflexion, il se décida et accepta mes propositions; une fois d'accord sur ses appointements et autres conditions, après avoir prévenu M. Pelletereau, nous partîmes pour Nantes.

Je voulus, avant mon départ, retourner à Tours pour régler avec M. Besnard, ce qui ne fut pas long, mes affaires ayant toujours été très-claires. Le 25 août 1839, je fis mes adieux aux Tourangeaux et à ma famille. J'étais sans parents, ayant perdu ma mère au mois de novembre 1836, et n'ayant personne capable de me guider. J'ai toujours eu pour principes de ne faire que ce que je voulais et comprenais, après mûres réflexions et avoir examiné l'avenir. Je ne me suis jamais mal trouvé d'avoir suivi cette marche dans ma longue carrière. Il faut que l'homme ait confiance en lui-même et soit son juge impartial, autrement il n'arrive à rien faire de bien, et son avenir est souvent compromis s'il n'a pas un jugement sain et de la persévérance dans l'exécution de ses projets; sa carrière est brisée.

Me voilà parti pour Nantes et occupé à installer ma fabrique avec le concours de mon contre-maître Bléré. Il y avait bien des choses à faire avant de fabriquer. Enfin j'achète les premiers cuirs le 15 novembre 1839, pour les mettre en fabrique. Je reconnus, après quelques mois, qu'il me manquait beaucoup de choses et que mon matériel était insuffisant pour obtenir une bonne fabrication. Les moulins à vent pour broyer mes écorces ne me suffisaient pas, et quand le temps était calme, je n'avais pas d'écorces moulues. Ce système était des plus vicieux, et malgré mon capital insuffisant, je pris la résolution de faire monter une machine à vapeur de la

force de dix chevaux, que je commandai à MM. Brisson-
neau ; cette machine m'a rendu de très-grands services et
fonctionnait parfaitement. J'eus l'idée de la chauffer avec
de la tannée sèche. Je crois que je suis le premier tanneur en France qui introduisis ce système de chauffage.

Après quatre à cinq ans d'exercice, nos inventaires
se soldaient toujours par des résultats négatifs, malgré
une administration et une fabrication irréprochables ;
mon usine me revenait à 150,000 francs. Mon capital
était absorbé par l'usine ; je ne marchais que par le
crédit ; cette position me parut atroce à supporter avec
mon caractère d'indépendance. Ennuyé d'une situation
pareille, ne voyant aucune amélioration à espérer dans
ma position, cette industrie souffrant depuis dix ans, je
pris la résolution de liquider ; mais pour cela, il fallait
attendre une occasion favorable, autrement c'était
une ruine complète. Je ne voyais aucun moyen d'en
sortir, sinon par une liquidation, puisque ma fabrication
ne laissait rien à désirer. J'avais un rendement de
50 0[0 pour des cuirs avec cornes et crânes, ce qui est
exceptionnel. Malgré tous ces avantages, les frais généraux, très-réduits au service des intérêts, j'arrivais à
peine à trouver 5 0[0 de mon capital.

Pour donner une idée de la position de cette industrie, nous étions, en 1839, quatorze tanneurs à Nantes ;
douze ans après, nous n'étions plus que quatre : tous
les autres avaient fait faillite ou avaient liquidé, ce qui
doit prouver que si j'avais pris la détermination de
liquider, ce n'était pas sans motifs. Enfin l'époque tant
désirée pour liquider favorablement se présente ; la
guerre de Crimée se déclare en 1853 ; le cours des cuirs
s'élève sensiblement ; nous avions en fabrique dix
mille cinq cents cuirs qui nous revenaient à un prix
très-modéré et qui nous offraient un beau bénéfice en
entrant en liquidation.

Je saisis le moment; je fis part à M. Lemaître de mes intentions; après lui avoir exposé la situation, je lui fis la proposition d'entrer en liquidation, ce qu'il accepta sans contestation et avec satisfaction, lui ayant fait observer l'insuffisance de notre capital, la hausse présumée des cuirs en poils et l'insuccès de douze années de travaux; tous ces motifs existaient, et il les connaissait comme moi.

Nous fixâmes immédiatement la date de notre liquidation au 10 mai 1853, ce qui fut inséré dans les journaux. Je mis de suite la tannerie en vente. Je dois dire que malgré la bonne installation de l'usine, la réputation méritée des produits, je n'ai pas trouvé un seul acquéreur. Notre liquidation s'est opérée dans d'excellentes conditions et au delà de mes espérances; nos dix mille cinq cents cuirs nous ont laissé un très-beau résultat, ce qui nous a indemnisé de la perte à faire sur l'immeuble et de la stérilité des années précédentes.

La liquidation terminée, il fallait songer à se créer une nouvelle position. Je pris la résolution de faire la commission à Nantes pour les cuirs tannés en poil. Je louai à cette occasion des magasins rue du Cheval-Blanc, et je les fis approprier pour mon nouveau genre d'affaires. A cette époque, M. Manson, tanneur à Nantes, vint à suspendre ses paiements. Il avait traité avec la boucherie de Saint-Étienne, où il avait environ cent cinquante bouchers qui ne pouvaient plus livrer leurs marchandises. Les liquidateurs, MM. Gouin-Gourdon, de Nantes, et Bienvenu, de Tours, principaux créanciers de M. Manson, me firent la proposition d'aller à Saint-Étienne régler avec les bouchers et de leur offrir 60 0[10 de leurs créances. Après renseignements, j'acceptai la proposition aux conditions proposées pour mes honoraires; je partis pour Saint-Étienne; je convoquai tous les bouchers créanciers de M. Manson, et je traitai avec eux suivant mes instructions, à 60 0[0] comptant; je leur proposai en même temps de continuer à me livrer, pour mon compte personnel, jusqu'à l'expiration des marchés, ce que tous acceptèrent, même avec des concessions.

Au nombre des créanciers se trouvaient une quinzaine de bouchers de Lyon, qui se rendirent à mon invitation, et avec lesquels j'entrai en connaissance; deux parmi eux, MM. Farges et Piotet, me firent part des intentions qu'avait la boucherie de Lyon de créer une affaire pour la vente de leurs produits par l'intermédiaire d'un commissionnaire, comme cela se faisait à Paris, et ils me firent la proposition de me mettre à la tête de l'opération, m'assurant du concours de la boucherie lyonnaise, qui était désireuse depuis longtemps de s'affranchir des marchands de cuirs, qui, suivant leurs dires, les exploitaient depuis longues années, ce qui faisait qu'ils ne vendaient pas leurs produits ce qu'ils valaient et aussi cher qu'à Paris.

Après avoir examiné avec soin les cuirs et veaux de Lyon livrés par ceux qui me faisaient cette proposition, je reconnus qu'il était vrai que leur abat valait au moins celui de Paris, et j'acceptai leur proposition, leur promettant de me rendre à Lyon aussitôt mes affaires terminées à Saint-Étienne. Je les engageai à faire part aux syndics de la boucherie de Lyon de la proposition qu'ils m'avaient faite et de mon acceptation, les priant de m'en écrire après leur arrivée à Lyon, ce qui se fit. Quelques jours après, je reçus une lettre des syndics, qui m'invitaient à venir les voir, en m'assurant de leur concours pour monter l'affaire de laquelle MM. Farges et Piotet m'avaient entretenu.

Mes affaires terminées, je partis pour Lyon le 4 juin 1856. Aussitôt mon arrivée, je suis présenté aux syndics de la boucherie, et leur demandai s'ils étaient toujours dans l'intention d'exécuter la proposition que m'avaient faite MM. Farges et Piotet ; leur réponse fut affirmative. J'avais rédigé un projet de traité dont je leur donnai connaissance et qui est celui qui dure encore et fonctionne depuis vingt-cinq ans. Ces messieurs me firent le meilleur accueil possible et en acceptèrent les bases.

Réfléchissant qu'ils ne me connaissaient pas, je leur exprimai le désir que j'avais qu'ils prissent sur mon compte des renseignements sérieux avant de s'engager dans une affaire aussi importante et de longue durée. A cet effet, je leur donnai les adresses des principaux négociants en cuirs de Nantes, Paris, Bordeaux, le Havre et Tours ; les réponses furent des plus favorables. Ils me firent dire qu'ils étaient désireux de me voir et de s'entendre avec moi. Ayant l'intention de convoquer toute la boucherie, ce qui eut lieu le 26 juin 1856, je rédigeai mon traité, qui fut accepté sans observations, et nous convoquâmes la boucherie en général pour lui faire connaître le contenu du traité, et de plus lui donner tous les renseignements possibles sur ce que j'espérais faire et sur la manière dont j'avais l'intention de faire fonctionner notre société. Après lecture faite dudit traité, je fis la proposition de le signer ; les syndics furent les premiers à signer, et j'obtins à cette réunion quatre-vingt-dix signatures. Comme il était dit dans le traité qu'il fallait au moins cent signatures pour que nos conventions fussent considérées définitives, ces messieurs se chargèrent de faire signer le traité, ce qui eut lieu quelques jours après.

Voilà mon affaire faite. Je devais entrer en fonctions à carnaval 1857. Je partis pour Nantes ; je rendis mes comptes aux liquidateurs de la maison Manson ; je résiliai mon bail moyennant une indemnité assez forte. Me voilà libre, en attendant l'époque du carnaval, pour me fixer à Lyon ; j'avais six mois devant moi, que je passai en Touraine dans ma famille.

Au mois de décembre, ma liquidation entièrement terminée, mes affaires de toutes sortes réglées, mon petit capital réalisé, je me rendis à Lyon, muni d'une lettre de recommandation de mes banquiers, MM. Rousselot, Allion et Cie, qui m'adressèrent à leurs correspondants, MM. V. Audra, Fauvel et Cie. Cette lettre était ainsi conçue : « Nous vous adressons M. Rougé, qui va se fixer dans votre ville. c'est une perte pour nous et un cadeau pour vous. »

Après avoir déposé mes valeurs chez ces messieurs, qui me firent un accueil des plus gracieux, je leur fis part de mon opération avec la boucherie, et je leur demandai si en cas de besoin je pouvais compter sur eux pour me donner les fonds qui pourraient m'être nécessaires, ne sachant pas au juste si mes ressources seraient suffisantes pour les besoins de mon entreprise. Ils me firent réponse que leur caisse était à ma disposition pour tous mes besoins. Heureusement je n'eus pas recours à eux ; j'ai toujours eu de quoi me satisfaire pendant la durée de mon exercice.

Mon affaire des signatures des bouchers restait toujours à mon chiffre de cent dix, ce qui ne me satisfaisait pas. Les marchands de cuirs d'un côté, les tanneurs de l'autre, cherchaient à entraver mon opération et à me discréditer.

Un jour, un nommé Couturier, marchand de cuirs, dit, au café des Mille-Colonnes, que j'avais fait faillite à Nantes, qu'il ne comprenait pas la boucherie de se lier avec moi pour aussi longtemps, et que je finirais par ne pas payer les bouchers. Ces propos pouvaient nuire à la prospérité de mon opération et me discréditer sur place. MM. Vialon et Bruyas, qui avaient entendu ces propos, m'en donnèrent connaissance. A l'instant, je conçus le projet de traduire M. Couturier en police correctionnelle comme calomniateur, ayant l'assurance et le témoignage de mes deux témoins. Le lendemain, j'envoie une assignation à M. Couturier, et j'obtins un jugement le condamnant à 50 francs d'amende, à l'insertion du jugement dans deux journaux, le *Salut public* et le *Courrier de Lyon,* et aux frais et dépens. Malgré ce jugement, je ne voyais pas venir beaucoup de nouveaux signataires; le nombre obtenu ne me suffisait pas pour me donner un résultat en rapport avec les frais généraux et des frais d'installation; cependant il fallut bien s'en contenter. Je n'ai jamais fait de démarches auprès des bouchers pour les engager à venir signer mon traité; avec messieurs les bouchers, plus vous leur faites d'avances, plus ils reculent.

Nous étions au mois de janvier, et je restais toujours avec mon chiffre de cent dix signataires. Une circonstance des plus favorables se présente : M. Ogereau, de Paris, que je connaissais depuis longues années, vint à Lyon pour acheter nos veaux; je fus assez heureux pour obtenir un prix très-élevé, soit 90 francs des cinquante kilogrammes, pour un an, ce que la boucherie vendait l'année précédente 55 francs; puis M. Paul Durand, de Paris, me demande nos cuirs, et je traite avec lui à 65 francs, aussi pour un an, ce qui était vendu l'année précédente 45 francs. Devant un marché aussi brillant, d'accord avec la commission, je pensai à faire connaître à toute la boucherie le résultat de notre opération, et je fis une circulaire à ce sujet que j'adressai à chaque boucher. Je pensais avoir tous les bouchers, qui étaient au nombre d'environ quatre cents à cette époque. Ma déception fut grande; il ne m'en vint pas un seul; de là j'augurai mal de l'avenir de mon affaire en voyant l'indifférence de gens si peu soucieux de me seconder. Enfin carnaval arrive; j'entre en fonctions; les livraisons se font régulièrement, ainsi que les expéditions. Au bout d'une quinzaine, je fais le dépouillement de mes livreurs, et je reconnais qu'il y avait une dizaine de signataires qui ne livraient pas. J'en fis part à la commission, et nous convînmes de les faire assigner, ce que je fis, et j'obtins du tribunal plusieurs jugements les obligeant à livrer. L'année se passa sans aucun incident.

Au mois de janvier 1858, nous parlâmes, suivant l'usage, de faire de nouveaux marchés. Pendant l'année nos articles avait subi une baisse considérable ; malgré cela M. Ogereau me vint voir à Lyon pour renouveler son marché, ses offres furent de 60 francs pour nos veaux et pour l'année ; nous ne pûmes nous décider à les accorder à ce prix et nous les lui laissâmes à 70 francs. Il partit sans rien faire ; il se rendait en Italie, lui ayant fait espérer que je ferais mon possible pour décider la boucherie à accepter son offre, ce qui pouvait avoir lieu en présence du mauvais état des affaires.

Quelques jours après son départ, je reçus une dépêche de lui datée de Florence, acceptant notre prix de 70 francs. J'en donnai connaissance à M. Vialon, membre de la commission, et sur ma proposition nous convînmes de garder le plus profond secret sur notre vente, pour faire la baisse et contrarier les bouchers non signataires, qui profitaient de nos opérations pour vendre le plus cher possible et entravaient la marche de la société. Je m'étais dit l'année précédente : Nous avons fait la hausse sans réussir, cette année il faut faire la baisse, peut-être réussirai-je mieux.

Pour pouvoir mettre mon projet à exécution, il me fallait le concours de M. Ogereau. Je lui écrivis pour lui faire part de mes intentions et de mon stratagème, en le priant de me laisser ses veaux en magasin jusqu'à Pâques, voulant faire croire aux bouchers non signataires de mon traité et aux tanneurs qu'ils n'étaient pas vendus, et par ce moyen j'espérai faire la baisse et engager des bouchers à venir chez moi, quand je leur annoncerais la vente de nos veaux à Pâques. Il goûta mon idée et m'écrivit une lettre charmante, en me disant que je pouvais disposer des veaux comme bon me semblerait et qu'il était heureux de pouvoir me rendre service, et, de plus, qu'il acquitterait mes factures suivant l'usage.

Carnaval arrive, je fais répandre le bruit que nos veaux ne sont pas vendus et que l'on ne nous fait aucune offre, que nous les emmagasinons en attendant un prix meilleur et supérieur à 50 francs, prix qu'offraient les tanneurs aux bouchers qui n'étaient pas signataires. Les jours de marché les tanneurs venaient me voir et étaient joyeux de voir les veaux s'empiler en magasin, ce qui les confirmait dans mes dires.

Enfin, Pâques arriva, il fallait un dénouement à ma politique et mettre mon plan à exécution, ce qui réussit mieux cette année que l'année précédente avec la hausse; le lundi de Pâques, je fis afficher aux abattoirs que tous nos veaux étaient vendus 70 francs pour l'année, et que tous les bouchers qui voulaient profiter de cette faveur vinssent signer mon traité, leur accordant pour cela jusqu'à la fin de la semaine; il m'en vint cent vingt, ce qui consolida mon affaire d'une manière satisfaisante.

Depuis cette époque, j'ai marché sans aucune difficulté, et à chaque renouvellement de cinq ans en cinq ans, le nombre des signataires a constamment augmenté, au point qu'en 1872 j'en avais trois cent quarante.

Jamais opération n'a marché plus régulièrement et n'a fonctionné aussi facilement. Depuis vingt-cinq ans je n'ai jamais eu aucune difficulté avec la boucherie ni avec la tannerie, je crois avoir obtenu la confiance des deux parties sans réserve aucune. Jamais de tiraillements ni réclamations, les règlements se sont exécutés avec une régularité remarquable; je n'ai jamais eu de non-valeur,

les paiements se sont effectués aux échéances, sans
aucun retard, ni diminution, ni réclamation d'aucune
sorte. Je puis dire que si mes débuts dans les affaires
ont été difficiles, la fin de ma carrière commerciale a été
des plus faciles et des plus agréables sous tous les rapports. Mes acheteurs sont aujourd'hui les mêmes qu'au
début de mon affaire, aucun ne m'a quitté, et je refuse
chaque année de nouveaux clients.

RÉFLEXIONS.

Tu vois, mon cher Émile, ce que je te dis plus haut,
qu'il faut s'attendre dans la vie active, quelle que soit la
position que l'on occupe, à avoir lutte et difficultés à
vaincre, et que pour dominer la position que l'on occupe,
il faut de l'énergie, une ferme volonté et de la persévérance. Autrement, au lieu de prospérer et d'augmenter
son capital, on le compromet, et il n'y a que l'ordre, le
travail et l'économie qui te mettront en position de
triompher de tous les obstacles que tu rencontreras sur
tes pas. Il faut bien te pénétrer de ces vérités et y réflé-
chir sérieusement, ne pas toujours voir l'avenir en beau.
Il ne suffit pas que tes parents aient su se créer une
position honorable et une aisance convenable par le
travail, l'ordre et l'économie; il faut que tu fasses comme
eux, et que tu puisses prouver que tu es capable d'occuper
dans la société une place, sinon importante, au moins
passable. L'homme oisif est un être inutile sur la terre;
l'oisiveté est la position la plus humiliante que je con-
naisse, elle paralyse les facultés que la nature vous a
accordées, elle vous énerve et vous rend impropre à rem-

plir aucune fonction, vous conduit le plus souvent à la ruine et au déshonneur. Voilà les conséquences du désœuvrement, les exemples en sont très-fréquents. Je vois tous les jours des jeunes gens de famille, nés de parents riches, qui ont été élevés dans l'oisiveté, finir par déshonorer leur famille et faire des déclassés. Aussi ai-je toujours eu en horreur l'oisiveté, pénétré dès mon bas âge de cette vérité, qu'il faut que l'homme travaille. Élevé par une mère qui me prêchait toujours le travail et l'économie, je reconnais aujourd'hui qu'en m'élevant dans ces principes elle m'a rendu le plus grand service possible. J'aurais probablement fait comme bon nombre de mes camarades de collége, qui ont tous mal fini. Je n'en connais pas un qui ait marqué son passage sur la terre d'une manière satisfaisante. Pourquoi? parce qu'ils n'ont point travaillé; ils ont dissipé la fortune que leurs parents avaient laissée ; ils ne savaient pas qu'il est plus difficile de conserver que de gagner. Celui qui est oisif dépense! Jamais l'homme qui n'a eu à lutter ni à vaincre des difficultés n'acquiert aucune expérience; le plus souvent il ne sait pas administrer la fortune laissée par ses parents ; voilà pourquoi l'oisiveté engendre tous les défauts et conduit à la ruine.

Multipliant les exemples, et comparant les peuples aux individus, je suis forcé de reconnaître que les peuples qui produisent sont riches et que ceux qui ne sont pas travailleurs sont pauvres et misérables. Parlons de l'Angleterre et de la France; ces deux pays marchent à la tête de la civilisation, nagent dans l'aisance, font prospérer l'industrie, le commerce, les arts, les sciences; leur prospérité est éblouissante, personne ne peut la nier. Pourquoi? parce qu'en Angleterre le peuple travaille, la noblesse est à la tête du commerce et de l'industrie, tous travaillent. En France le peuple est intelligent et travailleur, la noblesse vit dans l'oisiveté; aussi nous marchons, commercialement parlant, après l'Angleterre, nous sommes moins riches que les Anglais, parce que nous produisons moins. Maintenant compare la position de l'Italie, de l'Espagne, de l'Allemagne, de la Russie; tous ces pays sont pauvres et misérables, parce qu'ils ne travaillent pas et ne produisent pas.

Ces réflexions doivent te faire voir où mène l'oisiveté; maintenant apprécie s'il vaut mieux être compté au nombre des travailleurs qu'au nombre des oisifs. Quelque position que l'on occupe il faut travailler; cette vérité sera toujours, aujourd'hui comme demain, la réalité.

J'ai toujours honoré le travailleur, j'ai toujours eu pour principe l'honnêteté, je ne connais pas en affaires les ruses et les finesses, je suis esclave de mes engagements et de ma parole. Cette manière de faire a toujours été ma ligne de conduite, c'est la seule manière de prospérer et d'obtenir l'estime et la considération des hommes avec lesquels tu es appelé à entrer en relation. Voilà, mon cher Émile, ma profession de foi; qu'elle puisse te servir, c'est l'objet de tous mes désirs. Fais mieux si tu peux, c'est facile; l'on peut mieux faire que ce que l'on a fait. L'expérience te prouvera la vérité de ce que je te dis; la perfection n'est pas de ce monde.

Ce mémoire est l'exposé exact de ma conduite dans ma carrière commerciale, qui compte aujourd'hui, 26 juin 1881, cinquante années de travail, soit comme négociant, soit comme industriel.

IMPRIMERIE PAUL BOUSREZ, 5, RUE DE LUCE, A TOURS

A2